Todos los libros de Linkgua Ediciones cuentan con modelos de Inteligencia Artificial entrenados por hispanistas. Pregúntale al chat de tu libro lo que desees acerca de la obra o su autor/a.

Para ebooks: Accede a nuestro modelo de IA a través de este enlace.

Para libros impresos: Escanea el código QR de la portada con tu dispositivo móvil.

Obtén análisis detallados de nuestros libros, resúmenes, respuestas a tus preguntas y accede a nuestras ediciones críticas generativas para una experiencia de lectura más enriquecedora.
La transparencia y el respeto hacia la autoría de las fuentes utilizadas son distintivos básicos de nuestro proyecto. Por ello, las respuestas ofrecen, mediante un sistema de citas, las fuentes con las que han sido elaboradas.

Autores varios

Cronología general de las migraciones de España

Barcelona 2024
Linkgua-ediciones.com

Créditos

Título original: Cronología general de las migraciones de España.

© 2024, Red ediciones S.L.

e-mail: info@linkgua.com

Diseño de cubierta: Michel Mallard.

ISBN rústica ilustrada: 978-84-9007-171-7.
ISBN tapa dura: 978-84-9007-169-4.
ISBN ebook: 978-84-9897-619-9.

Sumario

Brevísima presentación

La presente cronología recoge los principales flujos migratorios de los dos últimos milenios de historia de España; los reinados godos, visigodos, musulmanes y cristianos. Así como citas de las leyes que intentaron regular las relaciones entre cristianos, judíos, musulmanes, africanos y gitanos durante este período.

Siglo III

Autores romanos, entre otros Estrabón, Juvenal, Tácito y Flavio Josefo mencionan la posible llegada de los judíos a Hispania.

II d. C   Epígrafe funerario de Iustinus, natural de Flavia Neápolis (Samaria) encontrado en Mérida.

202   Tras la promulgación del Edicto de Caracalla, los judíos tuvieron un «status» semejante al resto de los ciudadanos del Imperio Romano y se asentaban sobre todo en las ciudades.
Se conocen dos lápidas, hoy desaparecidas, halladas en Villamesías (Cáceres) y en Adra (Almería).

Algunas ciudades languidecen.

Siglo IV

313   Los judíos gozan de tolerancia en materia religiosa, como era costumbre en la época romana, conviviendo con la religión oficial, las indígenas y otros cultos orientales. A pesar

del Edicto de Constantino en el 313 d. C., el paganismo domina el ambiente religioso.

Siglo V

409-428   Gunderico. Reino Alano

409-438   Hermerico. Reino Suevo. La llegada de los germanos desplazó a la población de la Rioja, la Baja Navarra, Álava, parte de Burgos y Cantabria, Vizcaya y Guipúzcoa hacia el norte y el oeste.

410-415   Ataúlfo. Reino Visigodo

411   Pacto entre el Imperio romano y los bárbaros que ofrecía tierras en Hispania a estos últimos.
Los suevos se establecieron en la provincia Gallaecia, entre el Miño y el Duero.
Los vándalos asdingos en las tierras situadas entre Lugo y Astorga.
Los vándalos silingos en el Occidente de la provincia Bética, entre el Guadiana y el Guadalquivir.
Los alanos en las tierras entre Ávila, Salamanca, Plasencia y Toledo.
Sin embargo, los vándalos y los alanos no respetaron el pacto.

415	Sigerico. Reino Visigodo

415   Sigerico. Reino Visigodo

415-418   Valia. Reino Visigodo

418-451   Teodorico I. Reino Visigodo

422   El ejército imperial fue derrotado por los vándalos que ocuparon los puertos de la Bética, desde allí ejercieron la piratería en el Levante, las Baleares y África.

428-477   Genserico. Reino Alano

428   Los suevos ocuparon las comarcas abandonadas por los asdingos (422), la mitad norte de la Gallaecia (428-438), para luego llegar al valle del Tajo y al Guadiana

429   Genserico, rey de los vándalos embarca para África.

438-448   Requila. Reino Suevo

439   Requila establece guarniciones en Lisboa y Mérida.

446   Los suevos ocupan la Gallaecia, Lusitania, Bética y la mayor parte de la Cartaginense.

448-456   Requiario. Reino Suevo

449	El rey católico Requila se casó con una hija del rey Teodorico y estableció una alianza con los godos.
451-453	Turismundo. Reino Visigodo
453-466	Teodorico II. Reino Visigodo
456	Batalla de Orbigo entre Teodorico y Requiario. Marca el declive del Reino Suevo.
456-457	Aguiulfo. Reino Suevo
456-457	Maldras. Reino Suevo Sur
457-459	Frantán. Reino Suevo Norte
459-463	Frumario. Reino Suevo Sur
459-463	Requimundo. Reino Suevo Norte
459-469	Remismundo. Reino Suevo. Reunificación en (463)
466-484	Eurico. Reino Visigodo
469-550	Teodemundo. Reino Suevo
477-484	Hunerico. Reino Alano
484-496	Guntamundo. Reino Alano

484-507   Alarico II. Reino Visigodo. Breviario de Alarico
           II, la comunidad judía conserva muchos de los
           derechos de la época romana (derecho a reparar
           sinagogas, aunque sin construir otras nuevas; a
           tener esclavos, aunque no cristianos; a dirimir
           ciertos asuntos en sus propios tribunales).
           Practicaban su religión sin grandes dificultades.

V d. C   Fragmento de una lucerna decorada con una
           menorá de Toledo, así como la pileta trilingüe
           de Tarragona. Ciudades como Emérita Augusta
           y Tarraco se recuperan y tienen un crecimiento
           importante en los siglos IV y V d. C.

Siglo VI

496-523   Trasamundo. Reino Alano

507-510   Gesaleico. Reino Visigodo

510-526   Teodorico I el Grande. Reino Visigodo

523-530   Hilderico. Reino Alano

526-531   Amalarico. Reino Visigodo

530-534   Gelimer. Reino Alano

531-548   Teudis. Reino Visigodo

548-549   Teudiselo. Reino Visigodo

549-555   Agila. Reino Visigodo

550-559   Karriarico. Reino Suevo

555   El emperador bizantino Justiniano ocupa el sudeste de España con el argumento de asistir a Atanagildo. Éste es proclamado rey de los visigodos y fija su residencia en Toledo.

559-570   Teodomiro. Reino Suevo

567-572   Liuva I. Reino Visigodo

568-586   Leovigildo. Reino Visigodo

570-583   Miro. Reino Suevo

583-584   Eborico (también llamado Eurico). Reino Suevo

584-585   Andeca. Reino Suevo. Andeca, el último rey suevo, fue depuesto por Leovigildo.

586-601   Recaredo. Reino Visigodo

589   Hasta Recaredo en el 589 d. C., los reyes visigodos pertenecían a la corriente arriana del cristianismo.
A partir del 589, con la conversión de éstos al catolicismo en el Concilio III de Toledo, los

judíos son la minoría religiosa más importante. La Iglesia, interesada en expandirse, reprime a las otras religiones a través de los concilios, con el deseo de integrarlas en la fe oficial.

Siglo VII

601-603   Liuva II. Reino Visigodo

603-610   Viterico. Reino Visigodo

610-612   Gundemaro. Reino Visigodo

612   Sisebuto (612 d. C.). Durante el siglo VI y la primera parte del VII d. C., las comunidades judías tuvieron una vida normal. Los judíos estaban integrados. Solo la religión y sus prácticas rituales los diferenciaban del resto de los ciudadanos. Se vestían como todos y utilizaban el hebreo solo como lengua de culto. Pese a la prohibición de matrimonios mixtos, éstos se celebraban.

621   Recaredo II. Reino Visigodo

621-631   Suintila. Reino Visigodo

631-636   Sisenando. Reino Visigodo

633 En el Concilio IV de Toledo, el canon LIX dice que si un judío circuncida a sus esclavos se les conceda la libertad.

De los judíos que algún tiempo fueron cristianos, y después volvieron al rito antiguo
Muchos judíos admitieron la fe cristiana por algun tiempo y ahora, blasfemando de Cristo, no solo se entregan a los ritos judaicos, sino que hasta llegan a ejecutar la abominable circuncisión.
... Y respecto a las personas a quienes circuncidaron, se ordene que si son hijos suyos, sean separados de la compañía de sus padres; y si siervos, por la injuria que se cometió en su cuerpo, se les conceda la libertad.

Según el canon LXVI se liberarán los esclavos cristianos de los judíos.

Que los judíos no tengan esclavos cristianos
Por decreto del gloriosísimo príncipe estableció este santo concilio que no sea lícito a los judíos tener siervos fieles, ni comprar mancipios (esclavos) cristianos, ni adquirirlos por liberalidad de nadie; pues que es una maldad que los miembros de Cristo sirvan a los ministros del Antecristo. Y si en adelante los judíos quisieran tener siervos cristianos o esclavas, serán sacados de su dominio, y adquirirán la libertad por el príncipe.

En el canon LXII se dice que si un judío bautizado
se reune con los judíos infieles será entregado a
los cristianos.

De los judíos bautizados que se reunen con los
judíos infieles
Si pues muchas veces la compañía de los malos
corrompe también a los buenos, ¿con cuánta
más razón a aquellos que son inclinados a los
vicios? No tengan pues en adelante trato alguno
los hebreos convertidos al cristianismo con los
que aún conservan el rito antiguo, no suceda que
sean pervertidos por ellos; y cualquiera que en lo
sucesivo no evitare su compañía será castigado
del modo siguiente: si es hebreo bautizado,
entregándole a los cristianos, y sino es bautizado,
azotándole públicamente.

636-639   Chintila. Promulgación de los «placita»
           (documentos en los que se obligaba a la conversión
           forzosa a toda una comunidad), destaca el de
           Chintila dirigido contra la comunidad judía de
           Toledo.

639-642   Tulga. Reino Visigodo

642-653   Chindasvinto. Reino Visigodo

653-672   Recesvinto. Reino Visigodo. Se recrudecen las
           medidas antisemitas. El Concilio VIII establece
           que el rey es el defensor de la fe ante herejes y
           judíos.

672-680   Wamba. Reino Visigodo. En los concilios siguientes se recrudecen las medidas antisemitas.

680-687   Ervigio. Reino Visigodo.

Siglo VIII

687-702   Egica. Reino Visigodo.

694   El Concilio XVII de Toledo en su canon VIII hace esclavos a todos los judíos y su descendencia. Se les acusa de fingir sus conversiones al cristianismo; y de conspirar con los musulmanes que pretendían invadir España.

De la condenación de los judíos.
... privándoles de todas sus cosas, y aplicándolas al fisco, quedando además sujetos a perpetua esclavitud en todas las provincias de España las personas de los mismos pérfidos, sus mujeres, hijos y toda su descendencia, espelidos de sus lugares, y dispersándoles, debiendo servir a aquellos a quienes la liberalidad real los cediera; ni por ningún motivo mientras sigan en la obstinación de su infedilidad, les permita volver al estado de ingenuidad (libertad), porque quedaron completamente infamados por el gran número de sus maldades. Y decretamos también

que por elección de nuestro príncipe se designen algunos de los siervos cristianos de los mismos judíos, para que reciban por vía de peculio de la propiedad de éstos lo que el referido Señor nuestro quisiere darles por la serie de las autoridades o por las escrituras de la libertad; y que los referidos siervos contribuyan sin alegar excusa alguna con lo que hasta aquí han pagado al fisco los mismos judíos.

700-710   Witiza. Reino Visigodo

710-716   Agila II. Reino Visigodo

710-711   Rodrigo. Reino Visigodo

710   La primera incursión del Islam fue encabezada por el gobernador musulmán del Magreb central, Muza ibn Nusayr, quien ordenó una expedición de 400 hombres al mando de un oficial bereber, Tarif, que ocuparía una pequeña isla a la que llamaron Yazirat Tarif (la isla de Tarif) y que todavía hoy conserva su nombre castellanizado, Tarifa.

El lugarteniente de Muza, Tariq ibn Ziyad, organizó una expedición de 7.000 hombres, en su mayoría bereberes, que desembarcaron y se instalaron a los pies de una montaña a la que llamaron Yabal Tariq (La montaña de Tariq), cuyo nombre castellanizado es Gibraltar.

La expedición, a la que se sumaron refuerzos bereberes, era una grave amenaza para el rey

Rodrigo, quien estaba en el norte enfrentado a los vascones. Rodrigo y el ejército visigodo se desplazaron hacia el sur para enfrentarse a Tariq; el combate ocurrió a orillas del río Guadalete: Rodrigo fue derrotado; con ello se puso fin al reino visigodo y la Península Ibérica quedó abierta a la ocupación musulmana.

711 Granada fue conquistada entre los años 711 y 712 por un hijo de Muza llamado Abdelasís que había ocupado Lorca, Baza y Guadix.

712 Un segundo ejército, formado por 18.000 hombres, dirigido por Muza ibn Nusayr desembarcó en España. El grueso de la tropa se dirigió a Toledo, capital de los Visigodos. Tariq ocupó Toledo y Muza Sevilla.
La islamización fue rápida aunque hubo cierta resistencia, las religiones fueron toleradas.
Tras más de un siglo de persecuciones, los judíos los reciben como libertadores y les ayudan en sus campañas. Aunque pagaban tributos, tuvieron libertad religiosa y relativo bienestar.

714 Muza fue llamado a Damasco. Su hijo Abdelasís tomó el poder y en los dos años siguientes ocupó la península, excepto la cornisa cantábrica.

716 Abdelasís, primer emir de al Andalus, fue asesinado por orden del califa de Damasco, tras manifestar su pretención de convertirse en un soberano independiente.

718   Pelayo derrota al ejército musulmán en Alcama, en los alrededores de Covadonga.

-737   Pelayo. Reino de Asturias

737-739   Fafila. Reino de Asturias

739-757   Alfonso I. Reino de Asturias

742   Los árabes sirios desplazan a los yemeníes en el gobierno de al Andalus.

7...-747   Abd al-Malik al-Fihrí

747-756   Yusuf al-Fihrí

750   Insurrección en Damasco. El imperio árabe de los Omeyas, que había durado casi un siglo, llegó a su fin. Todo el clan fue masacrado tras la batalla de Kûfa. Abû al Abbas se proclamó califa. Solo sobrevivió el nieto del califa Hisham, Abderramán, quien se refugió en el norte de África. Un emisario suyo llegó a al Andalus y recibió apoyo de los yemeníes en la oposición.
Los cristianos, bajo el reinado de Alfonso I, ocuparon Galicia, que había sido abandonada por tropas bereberes.

755   Abderramán derrocó a Yusuf al-Fihrí (de origen sirio) y fue nombrado emir de Archidona y más tarde emir de Sevilla y Córdoba. Sin embargo, su

autoridad, y la dinastía de los Omeyas, no fueron reconocidas por todos y en la provincia de Elvira hubo rebeliones incitadas por los mozárabes a las que se unieron los muladíes (cristianos convertidos al islam). Las revueltas terminaron con la ocupación de la alcazaba de la Sabika que estaba situada en el lugar que ahora ocupa la Alhambra.

756 Abderramán I. Inicio de la dinastía Omeya y fundación del emirato de Córdoba, independiente de Damasco. Consolidó el poder islámico y favoreció el crecimiento de aljamas como las de Mérida y Córdoba.

757-768 Fruela. Reino de Asturias

768-774 Aurelio. Reino de Asturias

774-783 Silo. Reino de Asturias

778 El ejército de Carlomagno invade parte de la Península y es atacado por los vascones en Roncesvalles durante su retirada.

783-788 Mauregato. Reino de Asturias

788-791 Bermudo I. Reino de Asturias

788-796 Hisham I. Omeya

791-842   Alfonso II. Reino de Asturias. Conquista varias
           fortalezas y se asienta al sur del Duero.

796-822   Alhakán I. Omeya

797   «Jornada del foso.» Los nobles desafectos al
           emirato Omeya, muchos de ellos cristianos,
           fueron conducidos a Toledo, fueron decapitados
           y sus cuerpos arrojados a un foso. Murieron
           unos 400.

Siglo IX

812   Pacto de paz entre el emirato de Córdoba y
           Carlomagno, que cede la zona pirenaica. Los
           Banu Quasi de Tudela y los Arista de Navarra
           impedirán la hegemonía carolingia en la zona.

810-852   Íñigo Arista. Reino de Navarra

822-852   Abderramán II. Omeya

842-850   Ramiro I. Reino de Asturias

844   Batalla de Clavijo en la que el apóstol Santiago
           apareció sobre un caballo blanco ante Ramiro I.

850-866   Ordoño I. Reino de Asturias. Las primeras
           menciones documentales a Albelda aparecen en

el Cronicón Albeldense y las crónicas árabes. El Cronicón dice:

Albelda fue fundada en el siglo IX por Muza, rey árabe poderosísimo de Zaragoza, quien la bautizó con el nombre de Albaida «Alba o blanca». Era muy fuerte y hermosa, pero su prosperidad fue transitoria ya que el rey de Asturias don Ordoño I, no aceptaba que una ciudad tan fuerte amenazase sus Estados de la antigua y primitiva Castilla y Alava, por lo que bajó de las montañas y atravesando parte de La Rioja, que entonces se llamaba Cantabria, dividiendo su ejército; con una parte sitió a Albaida y con otra acometió con tanta decisión y valor en el monte Laturce a Muza y a su innumerable ejército, que lo derrotó completamente degollándole 10.000 de sus mejores guerreros, sin incluir la plebe o la multitud advenediza, muriendo en la batalla García, yerno de Muza y quedando éste gravemente herido, debiendo su salvación a un jefe del ejército vencedor que le facilitó la fuga.

En Albelda hubo varias batallas entre 851 y 859. Según la crónica de Ibn Atir los musulmanes vencieron a Ordoño I durante un encarnizado combate hacia 851, pero la batalla más sangrienta fue la de 859. A consecuencia de la alianza entre el monarca navarro y Ordoño I de Asturias, Muza inició una campaña contra la capital navarra, dejó desprotegida la fortaleza de

Albelda y dio al rey asturiano la oportunidad de atacarla.

El ataque sorprendió a los musulmanes que huyeron en desorden. Según la Crónica de Alfonso III, los cristianos decapitaron a unos 12.000 adversarios y continuaron el asedio durante seis días, tras los cuales asaltaron la fortaleza.

852-870   García Íñiguez. Reino de Navarra

852-886   Mohamed I. Omeya

866-910   Alfonso III. Reino de Asturias

870-905   Fortún Garcés. Reino de Navarra

873-898   Wifredo el Velloso, conde de Barcelona, establece un reino cristiano con cierta independencia de los reyes francos.

886-888   Almundir. Omeya

886   Las Islas Baleares son ocupadas por los Omeyas.

Siglo X

888-912   Abdalá. Omeya

900 c   Textos aljamiados, escritos en castellano pero con grafía árabe.

905-925   Sancho Garcés I. Reino de Navarra. Crea un reino vasco en Navarra.

910-914   García I. Reino de Asturias

912   Durante el califato de Abderramán III (912-961) se robustece el Estado. Córdoba es el centro de la cultura y las artes. Los judíos cordobeses, junto a los que acuden de otras ciudades hispanas del Magreb y de Oriente, alcanzan un gran esplendor cultural, impulsado por Abu Yusuf Hasday ben Saprut.

914-924   Ordoño II. León se convierte en la capital del reino de Asturias que desde entonces será llamado Reino de León.

924-925   Fruela II. Reino de León

925-931   Alfonso IV. Reino de León

925-970   García Sánchez I. Reino de Navarra

929   El 16 de enero, Abderramán III se proclama Príncipe de los creyentes y Defensor de la fe. Declara su independencia de Bagdad, instaurando el Califato de Córdoba.

930-950	Ramiro II, rey de León, derrota a Abderramán III en Simancas, Osma y Talavera.
950-951	El conde Fernan González establece los cimientos de la independencia de Castilla.
951-956	Ordoño III. Reino de León
956-958	Sancho I. Reino de León. Los reyes cristianos pagan tributo a Abderramán III y reconocen su hegemonía.
958-960	Ordoño IV. Reino de León
960-966	Sancho II. Reino de León
961	Al-Hakam II (961-976). Se le atribuye la fundación de una biblioteca con cientos de miles de volúmenes, portentosa en la Europa de ese tiempo. El rasgo más distintivo de esta cultura fue su dominio de la filosofía clásica por Ibn Masarra, Abentofain, Averroes y el judío Maimónides.
961-976	Mohamed II. Omeya
966-984	Ramiro III. Reino de León
970-994	Sancho Garcés II. Reino de Navarra
976-1000	Hisham II (Almanzor). Omeya

981   Ramiro III es derrotado por Almanzor en Rueda y
           es obligado a pagar tributo al califa de Córdoba.
           Almanzor saquea Barcelona, Coimbra, León y
           Zamora.

993   El judío Samuel ibn Nagrela Ha-Naguid (993-
           1056) ocupó un alto cargo en la corte del reino
           zirí de Granada, bajo el señorío de los bereberes.
           Lucena, Sevilla, Zaragoza, Toledo, tienen
           importantes comunidades judías, en las que
           vivían escritores y hombres de ciencia, médicos
           y consejeros de reyes.

Siglo XI

994-1000   García Sánchez II. Reino de Navarra

998   Los habitantes de León se revelan contra
           Almanzor.

999-1018   Alfonso V de León reconstruye su reino.

1000-1035 Sancho III de Navarra somete los condados de
           Aragón, Sobrarbe y Ribagorza, y toma posesión
           del condado de Castilla.

1009-1106 Reinos de Taifas. A comienzos del siglo XI, el
           califato de Córdoba se desmorona, y tras años
           de agitaciones se forman los reinos de taifas.

Son Estados pequeños y débiles, en constantes conflictos y rivalidades.

1009 y 1013-1016. Sulayman al-Mustain. Omeya

1010-1013 Hisham II. Omeya

1018-1023 Abderramán IV. Omeya

1023-1024 Abderramán V. Omeya

1024-1025 Mohamed III. Omeya

1027-1031 Hisham III. Omeya

1028-1037 Bermudo III. Reino de León. Establece un acuerdo con Sancho III de Navarra quien pretende arrebatarle sus dominios y proclamarse emperador. A su muerte, deja el trono de Navarra a su hijo García III, Castilla a Fernando I y Aragón, Sobrarbe y Ribagorza, a Ramiro I.

1031 Hisham III fue asesinado el 30 de noviembre, su cadáver arrojado a un basurero y su cabeza exhibida en el extremo de una pica. Así terminó la dinastía Omeya.

1035-1063 Ramiro I. Reino de Aragón

1035-1054 García de Nájera. Reino de Navarra

1035-1063 Fernando I conquista Coimbra y obliga a los musulmanes de Toledo, Sevilla y Badajoz a pagarle tributo. Antes de su muerte, divide los territorios entre sus hijos: Castilla para Sancho II y León para Alfonso VI.

1037-1065 Fernando I. Reino de León

1054-1076 Sancho IV. Reino de Navarra

1063-1094 Sancho Ramiro. Reino de Aragón

Siglo XII

1065-1109 Alfonso VI reunifica Castilla tras asesinar a García y Sancho.

1076-1094 Sancho V. Reino de Navarra

1083 Los cristianos toman la aldea de Macherit (actual Madrid).

1085 Alfonso VI conquista Toledo en 1085.

1086 El avance cristiano obliga a los reyes musulmanes de Granada, Sevilla y Badajoz a pedir ayuda al sultán almorávide Yusef ben Tashfin, quien gobernaba un imperio que se extendía desde Argel hasta Senegal. En la última década del siglo estos nómadas saharianos, defensores de la pureza de la religión islámica, conquistan los reinos de taifas. La situación de los judíos en el reino almorávide es delicada, y muchos escapan hacia tierras de Castilla.

1094-1101 Pedro I. Reino de Aragón

1094-1104 Pedro I. Reino de Navarra

1102   Los almorávides alcanzan Valencia.

1104-1134 Alfonso I. Reino de Navarra

1104-1134 Alfonso I. Reino de Aragón

1106-1143 Ali ben Yusef ben Tashfin. Reino Almorávide

1109-1126 Urraca. Reino de León

1110   Los almorávides alcanzan Coimbra, Lisboa, Oporto y Zaragoza.

1118   Alfonso I de Aragón conquista Zaragoza.

1126-1157 Alfonso VII. Reino de León

1130-1163 Abd Al-Mumin. Almohade

1130-1187 Primer periodo de la Escuela de traductores de Toledo. Se traducen al latín los textos clásicos de la ciencia y la filosofía árabes.

1134-1169 Ramiro II. Reino de Aragón

1134-1150 García V Ramírez. Reino de Navarra

1135   Alfonso VII de León restaura el prestigio de la
          monarquía leonesa y es proclamado emperador.

1142-1170 Segundas Taifas

1143-1145 Tashfin ben Ali ben Yusef. Almohade

1147   El declive de los almorávides, las revueltas
          internas y los nuevos avances cristianos (la
          pérdida de Lisboa), propician la llegada de los
          almohades (o «unitarios») que desde el sur de
          Marruecos dominaban el Magreb. A partir de
          1147, conquistan las ciudades andalusíes que
          formaban parte del reino almorávide.
          Las aljamas judías sufren durante el paso de estas
          tropas que acaban con el esplendor de la cultura
          hebrea de al Andalus. Entre otros se ven forzados
          a convertirse o emigrar José Qumhi, el filólogo,
          Judá ibn Tibbon, maestro de traductores, que
          se refugia en Lunel y difunde el saber de los
          judíos andalusíes en Europa, y Maimónides, que
          ejercerá como médico y filósofo en Egipto.

1150-1194 Sancho VI. Reino de Navarra

1151   Los almohades recuperan Almería.

1157-1188 Fernando II. Reino de León

1157   A la muerte de Tashfin, último de la dinastía
            almorávide, los almohades (hombres de
            la montaña), parten del norte de África, y
            conquistan la ciudad de Granada en 1157.

1162   Alfonso II, hijo de Petronila y Ramón Berenguer
            IV, une el reino de Aragón y el condado de
            Barcelona.

1163   Muhammad. Almohade

1163-1184 Yusuf Abu Yaqub. Almohade

1169-1196 Alfonso II. Reino de Aragón

1184-1199 Abu Yusuf Yaqub Al-Mansur (Almanzor).
            Almohade

1188-1230 Alfonso IX. Reino de León

1194-1234 Sancho VII. Reino de Navarra

1195   Los almohades vencen a los castellanos en
            Alarcos.

1196-1213 Pedro II. Reino de Aragón

1199-1213 Muhammad An-Nasir. Almohade

1212   Alfonso VIII de Castilla, ayudado por Sancho VIII de Navarra, Pedro II de Aragón y algunas tropas de Portugal, vence en la batalla de Las Navas de Tolosa. Los avances de los almohades se ven frenados por esta derrota; debilitados por sus luchas internas, ya no pueden hacer frente a los reyes cristianos que amplían cada vez más sus dominios.

1213-1276   Jaime I. Reino de Aragón

1213-1276   Jaime I el Conquistador. Mallorca

1213-1224   Yusuf Al-Mustansir. Almohade

1224   Abd Al-Wahid Al-Majlu. Almohade

1224-1227   Abd Allah Al-Adil. Almohade

1227-1236   Al-Mutasim. Almohade

1227-1232   Al-Mamun. Almohade

1228   Rebelión contra los Almohades. Los rebeldes esgrimen el estandarte negro de los Abasidas (califas de Bagdad).

1229   Jaime I de Aragón, el Conquistador, recupera Mallorca.

1230   Alfonso IX de León avanza por el río Guadiana, toma Mérida y Badajoz y desbroza el camino para la conquista de Sevilla.

1230-1252 Fernando III. Reino de Castilla y León

1231   Abenámar (Ibn Al-Ahmar Ibn Nasr), fundador de la dinastía Nazarí, es nombrado gobernador de Arjona desde donde extendió su poder sobre Guadix y Jaén. En esta última ciudad establece la capital de su reino.

1232-1242 Abd Al-Wahid Ar-Rashid. Almohade

1234-1253 Teobaldo I. Reino de Navarra

1236   Fernando III se apodera de Córdoba. El rey otorga a los judíos algunos privilegios y los emplea en la administración. Los judíos acomodados y cultos ayudan a los reyes cristianos en las tareas de colonización de los territorios recién conquistados.

1238-1273 Dinastía Nazarí de Granada. Mohamed-ben-Nazar (o Nasr), llamado Al-Hamar el Rojo pues tenía la barba roja, entra en Granada en el año 1238. Desde sus comienzos fue un reino amigo de los reyes castellanos, y les pagó tributos para mantener su independencia.

1238-1276 Jaime I toma Valencia.

1242-1248 Ali Abu l-Hasan As-Said. Almohade

1243-1311 Jaime II el Prudente. Mallorca

1246   Abenámar traslada su capital a Granada
           (Muhammad I).

1248   Fernando III, rey de Castilla y León, conquista
           Córdoba, Murcia, Jaén y Sevilla. Granada es el
           único reino musulmán independiente.
           Hubo pocos musulmanes en la Sevilla medieval
           cristiana y en el resto de la Andalucía occidental.
           Una gran parte se marchó en 1248 tras la
           conquista cristiana y después hubo otro éxodo
           masivo de musulmanes tras la revuelta de 1264.

1252-1287 Segundo periodo de la Escuela de traductores de
           Toledo.

1252-1284 Alfonso X. Reino de Castilla y León. En las
           Siete Partidas se regula la situación jurídica de
           los judíos y su convivencia con los cristianos. Se
           les garantiza una relativa libertad, se protegen
           las sinagogas y el servicio litúrgico, se respeta
           el sábado y se prohíbe la conversión forzosa al
           cristianismo.
           Alfonso X aspira a ser elegido emperador del
           Sacro Imperio Romano en 1257.

1253-1270 Teobaldo II. Reino de Navarra

1264   Revuelta de los mudéjares en Sevilla.

1269   Abu Dabis. Almohade

1270-1274 Enrique I. Reino de Navarra

1273   Granada. Muhammad I muere de una caída de
            caballo. Tenía más de setenta años. El reino de
            Granada queda aislado, pero es amplio y rico.

1273-1302 Muhammad II. Reino de Granada

1274-1305 Juana I. Reino de Navarra

1276-1285 Pedro III. Reino de Aragón

1276-1285 Pedro I. Valencia

1284-1295 Una asamblea de nobles, prelados y ciudadanos
            depone a Alfonso X y otorga el poder a su hijo
            Sancho IV.

1285-1291 Alfonso III. Reino de Aragón

1285-1291 Alfonso I. Valencia

Siglo XIV

1291-1329 Jaime II. Valencia

1291-1329 Jaime II. Reino de Aragón

1295-1312 Fernando IV. Reino de Castilla y León

1301   Fragmento del tratado del 31 de diciembre de
          1301 entre el Sultanato de Granada y Málaga y
          el Reino de Aragón.

          Sepa todo aquel que leyere el presente escrito,
          que Nos el príncipe siervo de Dios, Muhammad,
          hijo del príncipe de los musulmanes Abu Abd
          Allah ibn Nasr, sultán de Granada y Málaga y
          sus dependencias, y príncipe de los musulmanes,
          accedemos, augusto soberano don Jaime rey
          de Aragón, Valencia y Murcia, y conde de
          Barcelona, a ser vuestro fiel amigo y a que
          haya entre Nos y Vos paz firme y leal amistad,
          en virtud de la cual, vuestros amigos lo serán
          nuestros, y vuestros enemigos, las gentes de
          Castilla, enemigos para nosotros. Haremos cesar
          los daños y las correrías de que vuestras tierras
          y lugares pudieran ser objeto por parte de los
          nuestros, y no daremos ocasión ni permiso para
          que ningún vasallo nuestro los lleve a cabo, o los
          realice, ni por tierra ni por mar.
          Y si aconteciera que a alguno de vuestros vasallos,
          o de vuestros lugares, le sobreviniera cualquier
          daño de parte de alguien que se halle sometido
          a nuestra autoridad, nosotros procuraremos que
          aquel daño sea reparado con toda justicia.

Y Vos, por vuestra parte, seréis igualmente fiel aliado nuestro, según manifestáis en vuestra carta, y os obligais a mantener con Nos una alianza leal y una paz duradera, siendo amigo de quien lo sea de Nos y enemigo de todo enemigo nuestro, ya sea éste musulmán, o de la gente de Castilla, haréis cesar los daños y depredaciones contra todos nuestros territorios y vasallos, en el mar y en la tierra.

Si ocurriera que alguna comarca de allende el mar, o gentes de aquel país, quedaran bajo nuestra obediencia, observaréis con respecto a ellos las mismas normas seguidas con nuestros restantes territorios de al Andalus.

Si sobreviniera algún daño de parte de vuestros súbditos, o de los habitantes de vuestras villas, a alguno de nuestros vasallos, o habitantes de nuestros lugares de al Andalus, o de los situados en el país de allende el mar, Vos habéis de procurar la reparación de aquel daño en el acto, en el mismo instante, tal como en vuestra carta ofrecéis hacerlo...

1302-1309 Muhammad III al-Maijlu. Reino de Granada

1305-1307 Felipe I. Reino de Navarra

1307-1316 Luis I. Reino de Navarra

1309-1314 Nasr Abu-l-Yuyus. Reino de Granada

1309   Fernando IV toma Gibraltar.

1312-1350 Alfonso XI. Reino de Castilla y León. Lucha por el reino de Granada durante veinticinco años.

1314-1325 Isma'il. Reino de Granada

1315-1349 Jaime III. Mallorca

1316   Juan I. Reino de Navarra

1316-1322 Felipe II. Reino de Navarra

1322-1328 Carlos I. Reino de Navarra. El Concilio de Valladolid prohíbe la presencia de cantores y actores musulmanes en las iglesias.

1325-1333 Muhammad IV b. Isma'il. Reino de Granada

1327-1333 Alfonso IV. Reino de Aragón

1327-1333 Alfonso II. Valencia

1328-1349 Juana II. Reino de Navarra

1328-1343 Felipe de Evreux. Reino de Navarra

+1325   Sancho el Pacífico. Mallorca

1333-1354 Yusuf I Abu-l-Hayyay. Reino de Granada

1336-1387 Pedro II. Valencia

1336-1387 Pedro IV. Reino de Aragón

1338   Batalla del Río Salado, ganada por castellanos, aragoneses y portugueses contra los benimerines norteafricanos que habían invadido Gibraltar en ayuda de los granadinos.

1349-1387 Carlos II. Reino de Navarra

1350-1369 Pedro I. Reino de Castilla y León

1354-1359 Muhammad V al-Gani (1. ª vez). Reino de Granada

1359-1360 Isma'il II b. Yusuf. Reino de Granada

1360-1362 Muhammad VI «El Bermejo». Reino de Granada

1362-1391 Muhammad V al-Gani (2. ª vez). Reino de Granada

1369   Enrique II. Reino de Castilla y León. Pedro I es asesinado en Montiel por su hermanastro, Enrique de Trastámara, que gobierna como Enrique II.

+1375   Jaime IV. Mallorca

1379-1390 Juan I de Trastámara. Reino de Castilla y León

1385   Los portugueses vencen a los castellanos en Aljubarrota.

1387-1396 Juan I. Reino de Aragón

1387-1396 Juan I. Valencia

1387-1425 Carlos III. Reino de Navarra

1390-1406 Enrique III de Trastámara (el Doliente). Reino de
Castilla y León

1391-1392 Yusuf II b. Muhammad. Reino de Granada

1391   Levantamiento contra las aljamas de Andalucía,
          Castilla y Aragón. Los judíos se ven forzados a
          bautizarse o a morir. Las sinagogas se convierten
          en iglesias.
          Los discursos antisemitas de Ferrán Martínez,
          arcediano de Écija, motivaron intervenciones del
          rey de Castilla y del arzobispo de Sevilla, Pedro
          Gómez Barroso. Ambos le pidieron sosiego.
          Según la Crónica de Enrique III, Ferrán Martínez
          predicaba en público contra los judíos, y las
          multitudes lo apoyaban. Sus prédicas y el vacío
          de poder existente en los reinos tras la muerte
          de Juan I precipitaron los disturbios. Las Cortes
          reunidas en Madrid fueron escenario de disputas
          entre los nobles por la regencia del joven Enrique
          III, que en 1390 había sucedido en el trono a su
          padre. El 6 de junio de 1391 estalló la revuelta.
          Al rey de Castilla le llegó la noticia de que

el pueblo de la ciudad de Sevilla había robado la Judería, y que eran tornados cristianos los más judíos que eran, y muchos de ellos muertos.

La violencia se propagó por otras localidades del valle del Guadalquivir: Córdoba, Andújar, Montoro, Jaén, Úbeda, Baeza..., la Meseta meridional (Villa-Real, Cuenca, Huete, Escalona, Madrid, Toledo...) y la Corona de Aragón.

1392-1408 Muhammad VII al-Musta'in. Reino de Granada

1394   Una de la más antiguas hermandades de la Semana santa sevillana es la conocida como «Los Negritos». Fue fundada, entre 1394 y 1400, por el arzobispo de Sevilla don Gonzalo de Mena y Roelas. Una referencia histórica aparece en Anales eclesiásticos y seculares de la Muy Noble y Muy Leal ciudad de Sevilla, metrópoli de Andalucía... de Diego Ortiz de Zúñiga, impresa en 1677:

Los Negros tienen su capilla y ermita de nuestra Señora de Gracia, vulgarmente de los Ángeles, frontera a la nueva parroquia de San Roque, cerca de la puerta del Osario; es fundación de antes de 1400, y del tiempo del arzobispo don Gonzalo de Mena: de ella hace su estación su cofradía el Viernes Santo por la mañana y en estos años se ve reparada por el tesón piadoso de recoger pobres y humildes hermanos, cuyo coronado acaso es más grato al Cielo que ofrendas más ricas de otros más ostentosos y menos sencillos.

Sobre su fundación y fines dice el cofrade José Bermejo en el siglo XIX:

La hermandad del Santísimo Cristo de la Fundación, o de los Negritos, tuvo principio por los años de 1400. Esta corporación, fundada por don Gonzalo de Mena, arzobispo de Sevilla, no reconoció otro objeto que el amparo y socorro de los Negros, clase por lo común pobre y desvalida, para cuyo efecto les hizo dicho arzobispo una casa hospital. Con suerte varia continuó esta hermandad hasta la mediación del siglo XVI, en que estando sin duda perdida se restableció de nuevo bajo el instituto de Cofradía de disciplina, como aparece de su regla.
Glorias Religiosas de Sevilla o Noticia histórica-descriptiva de todas las cofradías de penitencia, sangre y luz fundadas en esta ciudad. Sevilla, 1882

Siglo XV

1396-1410 Martín I. Reino de Aragón

1396-1410 Martín I. Valencia

+1404	Isabel. Mallorca

1406-1454 Juan II de Trastámara. Reino de Castilla y León

1408-1417 Yusuf III b. Yusuf. Reino de Granada

1412-1416 Fernando I. Reino de Aragón

1412-1416 Fernando I. Valencia

1415	En la ciudad de Perpiñán, territorio que por entonces pertenecía a la Corona de Aragón, el príncipe Alfonso autoriza al gitano Tomás Sabba a peregrinar a Santiago de Compostela.

1416-1458 Alfonso V. Reino de Aragón

1416-1458 Alfonso III. Valencia

1417-1419 Muhammad VIII «El Pequeño» (1.ª vez). Reino de Granada

1419-1427 Muhammad IX «El Zurdo» (1.ª vez). Reino de Granada

1425	Salvoconducto de enero de 1425, otorgado en Zaragoza por Alfonso V de Aragón, el Magnánimo, a favor de «don Johan de Egipto Menor»; que ordena «que sea bien tratado y acogido». Tomás, conde de Egipto Menor, recibió otro salvoconducto poco tiempo después.

1425-1441 Blanca I. Reino de Navarra

1425-1479 Juan II. Reino de Navarra

1427-1429 Muhammad VIII «El Pequeño» (2. ª vez). Reino de Granada

1429-1432 Muhammad IX «El Zurdo» (2. ª vez). Reino de Granada

1432   Yusuf IV al-Mawl. Reino de Granada

1432-1445 Muhammad IX «El Zurdo» (3. ª vez). Reino de Granada

1445   Muhammad X «El Cojo» (1. ª vez). Reino de Granada

1445-1446 Yusuf V b. Isma'il. Reino de Granada

1446-1447 Muhammad X «El Cojo» (2. ª vez). Reino de Granada

1447-1454 Muhammad IX «El Zurdo» (4. ª vez). Reino de Granada

1447   Las crónicas indican que los gitanos llegan desde Francia a Barcelona en 1447.

1451-1454 Muhammad XI «El Chiquito». Reino de Granada

1454-1455 Muhammad XI «El Chiquito» y Sa'd Ciriza. Reino de Granada

1454-1474 Enrique IV de Trastámara. Reino de Castilla y León

1455-1462 Sa'd Ciriza. Reino de Granada

1458-1479 Juan II. Reino de Aragón

1458-1479 Juan II. Valencia

1462-1463 Sa'd Ciriza y Yusuf V b. Isma'íl. Reino de Granada

1462 Tomás (quizás el mismo Tomás Sabba de antes) y Martín, «condes de Egipto Menor», fueron recibidos en Jaén en 1462 y agasajados por el condestable Miguel Lucas de Iranzo.

A 22 días del mes de noviembre de este año (1462), llegaron a la ciudad de Jaén dos condes de la Pequeña Egipto... Los cuales habían sido conquistados y destruidos por el Gran Turco... Y como llegaron a la ciudad de Jaén, el señor condestable los recibió muy honorablemente y los mandó aposentar y hacer grandes honras. Y quince o veinte días estuvieron con él, continuamente les mandó dar todas las cosas que les hizo falta...

Estos gitanos aparecen en grupos de cincuenta a cien miembros dirigidos por un líder que se llama a sí mismo «duque» o «conde» de Egipto Menor o pequeño Egipto, y tienen exenciones tributarias, créditos, donativos y salvoconductos.

1463-1464 Sa'd Ciriza. Reino de Granada

1464 Enrique IV de Castilla nombra como heredera al trono a su hija, la futura Isabel I la Católica, y deshereda a su hija Juana, conocida como La Beltraneja.

1464-1484 Muley Hacén. Reino de Granada

1469 Isabel I de Castilla y Fernando II de Aragón contraen matrimonio.

1470 Miguel Lucas de Iranzo recibe en su sede de Andújar al conde Jacobo de Egipto Menor y a su esposa Loysa

1474-1504 Isabel I. Reino de Castilla y León

1479-1516 Fernando II. Valencia

1479-1516 Fernando II. Reino de Aragón

1479 Leonor. Reino de Navarra

1479-1483 Francisco I. Reino de Navarra

1482-1492 Los últimos años del reino nazarí estuvieron llenos de tensión y enfrentamientos continuos entre diferentes facciones. Muley Hacén se había enamorado de la cautiva cristiana Isabel de Solís y la propia princesa madre, afectada por los celos, incitó a Boabdil a rebelarse contra su padre.
Boabdil fue proclamado rey por los granadinos sublevados contra Muley y recibió el apoyo de los Abencerrajes. Boabdil derrotó a los cristianos al este de Málaga pero pronto fue hecho prisionero en Lucena.

1483-1512 Juan III. Reino de Navarra

1483-1512 Catalina. Reino de Navarra

1483   A lo largo del siglo XV las comunidades judías de Córdoba y Sevilla crecen aunque no alcanzan el esplendor del pasado. La convivencia de los conversos y los cristianos viejos era conflictiva. En 1481 se instauró en Castilla el Tribunal de la Santa Inquisición, y en 1483 se dictó decreto de expulsión contra los judíos andalusíes.

1484   Muley ocupó otra vez el trono hasta que una nueva revuelta colocaba en el poder a al-Zagal, su hermano. Los Reyes Católicos consideraron que Boabdil podría hacer más daño a los suyos libre en Granada que cautivo en el castillo de Lucena ya que aumentaría la división del reino nazarí. Boabdil consiguió la libertad tras firmar un tratado de paz.

1492   Tras dos años de guerra y sitiada la ciudad de Granada, Boabdil inició conversaciones con Gonzalo Fernández de Córdoba que acabaron con la rendición y la entrega de la ciudad el 2 de enero de 1492. Boabdil recibió en compensación el señorío de la Alpujarra. Su madre le reprochó sus lágrimas al contemplar por última vez la cuidad de Granada diciéndole: «Llora como una mujer lo que no has sabido defender como un hombre». Tras una breve estancia en la Alpujarra, se marchó a Marruecos, donde murió en 1527.
Se decreta la expulsión de los judíos. Tras el descubrimiento de América se inicia la expulsión inmediata de los gitanos, excepto a aquéllos que tomaran oficio señor.
Pasado el plazo, si se les encuentra vagando se les dará cien azotes y se les desterraría a perpetuidad.
Si los vuelven a encontrar se les cortarán las orejas y permanecerán sesenta días encadenados.
A la tercera vez que se les encontrara se les convertiría en esclavos de por vida.
La ley exigía que se asentaran y dejaran de ser errantes, que sirvieran a un señor y que tomaran un oficio. Y a la vez ordenaba a los gitanos que abandonasen su lengua, su forma de vestir, sus costumbres y relaciones.

Siglo XVI

1500   A raíz de las rebeliones de Granada, se hizo un padrón de los moriscos y aparecen treinta y dos individuos con diversas profesiones, en las que predomina la de albañil. La comunidad morisca era pequeña a principios de siglo. Se ignora cuántos aceptaron la conversión y cuántos se fueron. Entonces se inicia una era de restricciones, la primera de las cuales fue la orden de los Reyes Católicos prohibiéndoles la venta de sus propiedades.

1501   En este siglo empieza la colonización a gran escala de América.

1502   Se obligó a los musulmanes de la Corona de Castilla a convertirse al cristianismo, recibiendo el nombre de «moriscos».
El proceso empezó dos años antes en Granada. Se les exigió que se convirtiesen y abandonasen su lengua, trajes y costumbres propias. La mayor parte de ellos se resistió. Pasados los primeros años del siglo XVI, se confirman las sospechas sobre la forma de conversión. Así lo afirma el cronista Luis del Mármol Carvajal:

...y si con fingida humildad usaban de algunas buenas costumbres morales en sus tratos, comunicaciones y trajes, en lo interior aborrecían el yugo de la religión cristiana, y de secreto se doctrinaban y enseñaban unos a otros en los ritos y ceremonias de la secta de Mahoma. Esta mancha fue general en la gente común, y en particular hubo algunos nobles de buen entendimiento que se dieron a las cosas de la fe, y se honraron de ser y parecer cristianos, y destos tales no trata nuestra historia. Los demás, aunque no eran moros declarados, eran herejes secretos, faltando en ellos la fe y sobrando el bautismo, y cuando mostraban ser agudos y resabidos en su maldad, se hacían rudos e ignorantes en la virtud y la doctrina. Si iban a oír misa los domingos y días de fiesta, era por cumplimiento y porque los curas y beneficiados no los penasen por ello. Jamás hallaban pecado mortal, ni decían verdad en las confesiones. Los viernes guardaban y se lavaban, y hacían la zalá en sus casas a puerta cerrada, y los domingos y días de fiesta se encerraban a trabajar. Cuando habían bautizado algunas criaturas, las lavaban secretamente con agua caliente para quitarles la crisma y el óleo santo, y hacían sus ceremonias de retajarlas, y les ponían nombres de moros; las novias, que los curas les hacían llevar con vestidos de cristianas para recibir las bendiciones de la Iglesia, las desnudaban en yendo a sus casas y vistiéndolas como moras, hacían sus bodas a la morisca con instrumentos y manjares de moros...

1504-1506 Felipe I de Habsburgo. Reino de Castilla y León

1504-1506 Juana I. Reino de Castilla y León

1516-1556 Carlos I de Habsburgo. España

1539   Carlos I. Reitera lo pragmática de sus abuelos
            y solo modifica las penas dictadas contra los
            gitanos nómadas.
            Todo varón comprendido entre veinte y cincuenta
            años es enviado a vivir en galeras (se necesitaban
            hombres para las contiendas bélicas).

1550   Escrituras de compraventa del solar de la actual
            Capilla de la cofradía de los negritos, adquirido
            por una entidad con personalidad jurídica
            suficiente para establecer contratos «La cofradía
            de nuestra Señora de los Ángeles, que es de los
            hermanos morenos».

1554   Primera Regla de la Hermandad de los negritos
            como Cofradía de penitencia.
            En el capítulo I de las Reglas solo se cita a
            los negros como posibles hermanos. No hay
            referencias a otros grupos étnicos. El capítulo
            dice:

            Primeramente ordenamos que en esta Hermandad
            entren negros libres, y si algún cautivo entrare
            sea que traiga licencia de su amo, así para servir
            la cofradía como para pagar las penas, la cual
            licencia traiga firmada de su mano o, si no
            supiere escribir, con testigos.

1556-1598 Felipe II de Habsburgo. España

1566 Pragmática del 17 de noviembre, en la que Felipe II ordenaba:

1. Prohibir hablar, leer, y escribir en arábigo en un plazo de tres años.
2. Anular los contratos que se hicieran en aquella lengua.
3. Que los libros escritos en ella, que poseyeron los moriscos, fueran presentados en un plazo de treinta días al presidente de la Cancillería de Granada, y que, una vez examinados, se devolvieran los que no tuvieran inconveniente en poseer personas creyentes para que sus propietarios los poseyeran otros tres años.
4. Que los moriscos se vistieran a la castellana, no haciéndose «marlotas», «almalafas» ni calzas, y que sus mujeres fueran con las caras destapadas.
5. Que en las bodas, velaciones y fiestas semejantes siguieran las costumbres cristianas, abriendo ventanas y puertas, sin hacer zambras, ni leilas, con instrumentos y cantares moriscos, aunque éstos no fueran contrarios al Cristianismo.
6. Que no celebraran el viernes.
7. Que no usasen nombres y sobrenombres de moros.
8. Que las mujeres no se alheñasen.
9. Que no se bañaran en baños artificiales y que los existentes se destruyeran.
10. Que se expulsase a los «gacis» y que los moriscos no tuvieran esclavos de ese linaje.

11. Que se revisasen las licencias para poseer esclavos negros.

Respuesta de Francisco Núñez Muley:

Quien mirare las nuevas pragmáticas por de fuera, pareceránle cosa fácil de cumplir; mas las dificultades que traen consigo son muy grandes, las cuales diré a vuestra señoría por extenso, para que compadeciéndose deste miserable pueblo, se apiade dél con amor y caridad, y le favorezca con su majestad, como lo han hecho siempre los presidentes pasados.

Nuestro hábito cuanto a las mujeres no es de moros; es traje de provincia como en Castilla y en otras partes se usa diferenciarse las gentes en tocados, en sayas y en calzados. El vestido de los moros y turcos, ¿quién negará sino que es muy diferente del que ellos traen? Y aun entre ellos mismos diferencian; porque el de Fez no es como el de Tremecen, ni el de Túnez como el de Marruecos, y lo mismo es en Turquía y en los otros reinos. Si la secta de Mahoma tuviera traje propio, en todas partes había de ser uno; pero el hábito no hace al monje. Vemos venir los cristianos, clérigos y legos de Suria y de Egipto vestidos a la turquesca, con tocas y cafetanes hasta en pies; hablan arábigo y turquesco, no saben latín ni romance, y con todo eso son cristianos. Acuérdome, y habrá muchos de mi tiempo que se acordarán, que en este reino se ha mudado el hábito diferente de lo que solía ser, buscando las gentes traje limpio, corto, liviano y de poca costa, tiñendo el lienzo y vistiéndose dello.

1568   Expulsión de los moriscos del Albaicín, 23 de junio (en la que muchos fueron saqueados, asesinados o apresados).
Rebelión de las Alpujarras (1568-1570), liderada por Aben Humeya, bautizado con el nombre cristiano de Fernando Valor.
El padre Juan de Albotodo, descendiente de moriscos granadinos, supo en una confesión de la inminente rebelión del Albaicín. Célebre confesor de la Cárcel sevillana, fue un jesuita, que trabajó por los moriscos y los presos.

1569   Unas ordenanzas —a raíz del alzamiento en Sierra Bermeja (1568)— prohibieron que más de dos moriscos vivieran en un mismo edificio, celebraran juntos, portaran armas, hablaran su algarabía (árabe vulgar o dialectal) y fueran acogidos en mesones y tabernas.

1570   1 noviembre, festividad de todos los santos, se hace pública la Orden General de Expulsión de todos los moriscos del reino de Granada:
La ejecución de la saca comenzó el día de Todos los Santos de 1570. En cada pueblo los moriscos fueron encerrados en la iglesia y un capitán con 200 soldados, veinte caballos y un comisario, los sacaba en escuadras de a 1.500.

En Sevilla la comunidad morisca se incrementó a partir de 1570 con el flujo procedente de Granada, de donde habían sido desterrados tras la rebelión de las Alpujarras. De los 11.500 moriscos granadinos deportados que salieron por mar desde Almería y Vera desembarcaron en Sevilla a finales de noviembre unos 5.500. Los restantes se perdieron entre naufragios, enfermedades y otras vicisitudes de la travesía. Ya en los primeros días de estancia en la capital hispalense escaparon unos 1.200, quedando según el recuento de las autoridades unos 4.300. En Sevilla capital se instalaron unos 3.000 y el resto fueron repartidos por los pueblos de la provincia, formando pequeñas comunidades de cuarenta a 150 individuos. Las vicisitudes que habían sufrido los moriscos granadinos provocaron que muchos de ellos alcanzaran sus destinos extenuados y enfermos. Entre los llegados a Sevilla se propagó el tifus y muchos fueron hospitalizados.

1580   Se calcula que en 1580 había en Sevilla más de 6.000. Más de 2.000 vivían en Triana y el resto se repartía por otros barrios como el de San Marcos.
Ese año se hizo un censo, tras el intento de rebelión encabezado por Francisco Núñez Muley. Se registran sus nombres, estado y descripción física casa por casa. En los distintos padrones los esclavos son escasos, de uno o de cuatro por vivienda.

Se percibe una mayoría de mujeres y, en general, abundan los jóvenes. En San Andrés habitaban 109, de los cuales cuarenta eran esclavos; en San Ildefonso setenta y uno (de ellos cuarenta y cuatro esclavos); en San Gil 195 (de ellos solo seis eran esclavos); en San Bernardo había unos 350.

Se dictaron medidas para evitar que practicaran costumbres musulmanas y se les impidió formar comunidades. El Apéndice de ajusticiados del padre Pedro de León, jesuita confesor de la cárcel de Sevilla, también recoge diversos casos de moriscos y moriscas ejecutados por «practicar hechicerías, asesinar a sus amos, robar, seguir el credo musulmán, usar métodos abortivos, envenenar a su ama o vender filtros de amor».

1594   Cortes de marzo:

Y el remedio que para esto parece se podría poner es que se aparten los hombres y las mujeres y que los unos se pusiesen en una provincia muy apartada de la otra donde se les quitase el hábito y el lenguaje de gitanos poniéndoles graves penas si saliesen de los lugares que se les señalasen...

1596   Durante el ataque británico a Cádiz se pensó en una conspiración de los moriscos y se tomaron medidas.

A finales del siglo XVI la población morisca urbana se estima en 7.000 individuos, la mayoría de ellos vecinos de Triana. Las memorias del padre Pedro de León muestran la celeridad de la justicia para aplicar las penas más severas a los moriscos incluso sin pruebas suficientes:

Y digamos una, que pasó en la plaza de San Francisco estando ajusticiando a cuatro moriscos por un salteamiento, que se había hecho en la Venta Quemada, camino de Carmona. Los cuales no lo habían hecho y padecían sin culpa, porque habían confesado el delito por miedo del tormento, y estándolos ahorcando estaban dos hombres en la dicha plaza mirando cómo se hacía justicia de ellos; y éstos eran los que habían hecho el salteamiento. Los cuales preguntaron a la gente que por allí había la causa por qué los ahorcaban y respondieron: Por un salteamiento, que habían hecho en la dicha venta. Y ellos: Pues si son salteadores ahórquenlos a los bellacos que muy bien lo merecen, y también parecen los tales en la horca, como el clérigo en el altar. Sentencia fue ésta que se dieron estos hombres contra sí mismos, muy bien merecida y quiso Dios que se cumpliera y ejecutara en ellos dentro de veinte días.

Y pasó así: que yendo estos dos hombres camino de Cazalla hicieron otro salteamiento por lo cual fueron traídos presos a la cárcel de Sevilla, adonde haciendo la justicia las diligencias ordinarias, y queriéndolos poner a cuestión de tormento, confesaron este delito y el pasado de los cuatro moriscos, a cuya justicia ellos se habían hallado presentes, declarando cómo cuando se hizo el castigo no merecido en ellos, se habían hallado los dos en la misma plaza, y cómo habían dicho lo referido. (Compendio..., Pedro de León, 2.ª parte, Cap. 27)

1598-1621 Felipe III de Habsburgo. España

Siglo XVII

1600   Rumores de una posible conjura entre los moriscos de Triana y los de Córdoba.

1601   Constituciones sinodales del Arzobispado de Toledo relativas a los gitanos:

Por tanto exhortamos y mandamos a nuestros jueces los visiten y pidan la razón de qué, adónde y por quién fueron bautizados los tales sus hijos y les prohíban hablar su lenguaje, traer su traje, andar en compañías y contar la buenaventura...

1604   En Sevilla se pretendió integrar a los moriscos asignándoles sacerdotes dedicados a ofrecerles un trato especial. El arzobispo don Fernando Niño de Guevara publicó unas disposiciones en 1604 en las que ordenaba una estricta vigilancia de la población morisca para procurar el cumplimiento de los preceptos de la iglesia y para que los niños fuesen educados en la fe cristiana.

1609   Felipe III ordenó la expulsión del país.

...los Católicos Reyes les fueron regalando con nuevas mercedes y favores... Más luego se entendió lo poco que aprovechaban estas buenas obras para hacerles que dejasen de ser moros, porque, si decían que eran cristianos, veíase que tenían más atención a los ritos y ceremonias de la secta de Mahoma, que a los preceptos de la Iglesia Católica... Y de secreto se doctrinaban y enseñaban unos a otros en ritos y ceremonias de la secta de Mahoma.
Esta mancha fue general en la gente común. Los demás aunque no eran moros declarados en el aspecto religioso, eran herejes secretos, acogiendo a los turcos y moros berberiscos en sus alquerías y casas, y ahí está el peligro de las Marinas, de donde pasaban a las Alpujarras y Sierras. Dábanle avisos para que matasen, robasen y cautivasen cristianos, y aún ellos mismos cautivaban y vendían.

Sevilla era la ciudad de España que contaba con mayor número de ellos, casi el 10 % de la población total. Diego Ortiz de Zúñiga pretende que había pocos. La explicación, afirma el marqués de San Germán, es que los moriscos sevillanos estaban muy mezclados con los

«cristianos viejos»... y «los moriscos de la Andalucía les tengo por muy ricos y que en el

traje y lengua se nos parecen mucho más que los
del Reino de Valencia» (carta de San Germán en
octubre de 1609).

La resistencia a la integración, la alta natalidad
y su posible entendimiento con los turcos,
hugonotes y piratas berberiscos, provocó una
incipiente tensión.
El 22 de septiembre de 1609 se publicó en
Valencia el decreto de expulsión:

Todos los moriscos, así los nacidos en el reino
como los extranjeros, excepto los esclavos, debían
presentarse en los puertos de embarque dentro
de los tres días de comunicada la orden; se les
autorizaba para llevarse consigo todos los bienes
muebles que pudiesen, y los que no, como los
inmuebles, quedarían a beneficio de los señores;
embarcarían en los buques del Estado dispuesto
para llevarlos a Berbería gratuitamente.

1610   El bando que regulaba la expulsión de los
de Andalucía fue publicado el 10 de enero.
A Sevilla le afectó menos que a otras zonas.
Fueron apoyados por el arzobispo, quien en
carta del 24 de enero 1610 manifestaba que eran
pocos, humildes y no ofrecían peligro. Algunas
moriscas se habían casado con cristianos viejos
autorizados y merecían gozar de los mismos
privilegios que sus esposos.
Los moriscos andaluces podrían vender sus
bienes, excepto los raíces, y con el beneficio

adquirir dinero para el viaje y mercancías no prohibidas para comerciar.

Consumada la expulsión, algunos se resistieron a marcharse pero, salvo los 300 niños que quedaron al cuidado del Cabildo, todos los demás abandonaron la ciudad. Los que se negaron podían ser ejecutados en la horca. Así describe el padre León un caso en Sevilla en 1610:

Luis López, morisco, ahorcado porque quebrantó el bando que dentro de treinta días se fuesen de España. Murió como muy buen cristiano y decía que más quería morir ahorcado en tierra de cristianos que en su cama en tierra de moriscos. Y no hay duda sino que en esta expulsión de los moriscos se echó muy bien de ver quiénes eran los que estaban bien fundados en nuestra Fe y Religión, porque así a la salida de España como en la estada por allá, se conoció en ellos que lo estaban y en otros lo contrario.

Por Sevilla salieron, alrededor 18.000, entre los residentes y los venidos de otras regiones. La mayor parte se asentó en la zona del norte del Magreb (Ceuta y Tánger), donde ya existían importantes colonias andalusíes procedentes de anteriores diásporas.

La mayoría de moriscos permaneció en Andalucía, por la gran extensión de la esclavitud, las peticiones de los concejos municipales de preservar cierta población morisca, por razones económicas, y porque mostraron ser auténticos cristianos.

1612 Pedro Aznar Cardona afirma en Expulsión justificada de los moriscos españoles, y suma de las excelencias cristianas de nuestro rey don Felipe el Católico III:

Su intento era crecer y multiplicarse en número como las malas yerbas, y verdaderamente que se habían dado tan buena maña en España que ya no cabían en sus barrios ni lugares, antes ocupaban lo restante y lo contaminaban todo... Y multiplicábanse en extremo, porque ninguno dejaba de contraer matrimonio, y porque ninguno seguía el estado anexo a esterilidad de generación carnal, poniéndose fraile, ni clérigo, ni monja, ni había continente alguno entre ellos hombre ni mujer, señal clara de su aborrecimiento con la vida honesta y casta.

En El coloquio de los perros, Cervantes escribe sobre los moriscos:

Róbannos a pie quedo, y con los frutos de nuestras propias heredades, que nos revenden, se hacen ricos, dejándonos a nosotros pobres.

1617 Pedimento 49 de las Cortes de 1617: «y que no puedan usar del traje, lengua y nombre de gitanos».

Fray Marcos de Guadalajara, en Memorable
expulsión y justísimo destierro de los moriscos
de España (1613) escribió que

siendo éstos generalmente codiciosos y
avarientos, y atentísimos a guardar dinero, y
retenerlo, sin gastarlo, aunque se les ofrezca
necesidad precisa, han escogido los oficios y
ministerios más acomodados para adinerarse.

1618   Pedro Salazar de Mendoza; escribe en Origen de
las dignidades seglares de Castilla y León:

Falta ahora, para que España quede limpia, que
se haga otro tanto de los gitanos, que hay para
ello muy vivas, y apretadas razones: yo lo pruebo
en un memorial que tengo ordenado a este
propósito. Allí se verá, que es muy escrupuloso
tolerar gente tan perniciosa, perjudicial y
perversa.
Con relación sumaria de los reyes de estos Reinos:
de sus acciones: casamientos: hijos: muertes:
sepulturas. De los que las han creado y tenido
de muchos Ricos Hombres, confirmadores de
privilegios etc. Para el príncipe de España don
Felipe nuestro señor.

El texto se refiere a la expulsión de los moriscos
españoles llevada a cabo, por orden de Felipe III,
entre 1609 y 1613.

1619   Pragmática de junio, reinado de Felipe III:

y que no puedan usar del traje, nombre y lengua de gitanos y gitanas, sino pues no lo son de nación, quede perpetuamente este nombre y uso confundidos y olvidado...

Este monarca dicta una nueva pragmática; en sus disposiciones se prohíbe a los gitanos:
Tener asientos en villas de más de 1.000 vecinos, de manera que podrán elegir aposentarse solo en los dictados asignados y debían hacerlo de forma dispersa y mezclados con payos.
La ocupación de venta de ganado.
Se les da un plazo de seis meses para que salgan del reino, bajo pena de muerte a los que no se ajusten a las disposiciones reseñadas.

1621-1665 Felipe IV de Habsburgo. España

1633   Felipe IV cambia la política étnica y anula las penas o amenazas de expulsión a los gitanos.
Sin embargo, la ley recoge la amenaza de esclavitud a todo gitano que salga de su domicilio por más de seis meses. También se les prohíbe su cultura, identidad y se les obliga a tomar oficio conocido y abandonar sus barrios y mezclarse con los vecinos.
El documento del Consejo, de marzo de 1633, dirigido al rey Felipe IV dice respecto a los gitanos:

no parece conveniente expedirlos por la despoblación en que se hallan estos reinos después de que salieran los moriscos, y los que causan las necesidades presentes, no puede sufrir una evacuación por pequeña que sea.

1635   Constituciones sinodales del obispado de Almería:

prohíbanles hablar su lenguaje, traer su traje, bailar y cantar la buena ventura y andar en compañías...

Siglo XVIII

1665-1700 Carlos II de Habsburgo. España

1695   Pragmática de Carlos II, que prohíbe a los gitanos ocuparse de otro trabajo que no sea la labranza, asistir a ferias, tener armas y caballerías, tratar en ventas o trueques, habitar en barrios separados, hablar en «lengua jerigonza» etc.
Se reduce el número de localidades donde asentarse a cuarenta y uno.
Los gitanos ya no son considerados extranjeros, sin embargo, los gitanos son proscritos.
Se realizan censos, aplicando penas de azotes y condenas de galera a todos aquellos que no se presentaran.

Se acepta la existencia étnica de los gitanos paralela al reconocimiento de su condición de súbditos del reino.

1700-1746   Felipe V de Habsburgo. España

1717   Felipe V promulga varias pragmáticas: 1717, 1727, 1732, 1738. La pragmática de 1717 contiene la siguiente disposición:

Que dentro del término de treinta días de la publicación de esta Pragmática que se deberá hacer en todas las ciudades y villas y lugares de partido, sean obligados todos los que se dicen gitanos y no gitanos que se hallaren en nuestros reinos, a comparecer ante la justicia, de los lugares donde estuviere avencidado..., declarando sus nombres y edad con las consecuencias de sufrir azotes, galeras a todos aquellos que no se presentaren, además se les niega sus oficios, asistir a ferias...

En esta pragmática se especifican los ciudades donde pueden residir los gitanos.

1724   Luis I de Habsburgo el Bienamado. España

1738   Pragmática de Felipe V que considera gitanos a

los que vistiesen el traje que habían usado los que entonces estaban reputados gitanos, los que hablaban la lengua de ellos, jerigonza, y los que por opinión y fama pública, apoyada con deposición de cinco testigos estuviesen tenidos por gitanos...

1746-1759 Fernando VI de Habsburgo. España

1749   Orden del 30 de julio dictada por Fernando VI: todos los gitanos, hombres, mujeres y niños, debían ser apresados y enviados a presidios, arsenales y minas de Almadén. Según Campomanes, fueron 9.000 gitanos detenidos como medio de «someter y enmendar de una vez a esta multitud de gentes infame y nociva».
Apresamiento de todos los gitanos que hubiere en el país de ambos sexos, edad y reclusión de éstos en arsenales, presidios y minas de deportados.
Alrededor de 9.000 gitanos fueron conducidos a Cartagena, Ferrol, Alicante y Cádiz. La orden pretendía la «extinción» de los gitanos. La reacción de nobles y clero fue inmediata, y el rey tuvo que retirarla.
En un principio los gitanos apresados que pudieron presentar informes y cartas a su favor obtuvieron la libertad.

1759-1788 Carlos III de Habsburgo. España

1772   Votación del Consejo Real (febrero) relativa a los gitanos

            el conde Aranda aconseja afastar a los hijos de ese país para enseñarles la doctrina cristiana, leer y escribir, y algún oficio, y desta manera podrían esquecer a su lengua jerigonza y las costumbres de su país.

<table>
<tr><td>1783</td><td>Pragmática Sanción del 19 septiembre de Carlos III, dada en San Ildefonso, la última dentro de la legislación específicamente antigitana.</td></tr>
</table>

1783   Pragmática Sanción del 19 septiembre de Carlos III, dada en San Ildefonso, la última dentro de la legislación específicamente antigitana.
Consta de cuarenta y cuatro artículos, entre ellos, los siguientes:

1. Declaro que los que llaman y se dicen gitanos no lo son por origen ni por naturaleza, ni provienen de raíz infecta alguna.
2. Por tanto, mando que ellos y cualquiera de ellos no usen de la lengua, traje y método de vida vagante de que hayan usado hasta presente, bajo las penas abajo contenidas.
3. Prohíbo a todos mis vasallos, de cualquier estado, clase y condición que sean que llamen o nombren a los referidos con las voces de gitanos o castellanos nuevos bajo las penas de los que injurian a otros de palabra o por escrito.
5. Es mi voluntad que los que abandonaren aquel método de vida, traje, lengua o jerigonza sean admitidos a cualesquiera gremios o comunidades, sin que se les ponga o admitan, en juicio ni fuera de él, obstáculo ni contradicción con este pretexto.
6. A los que contradijeren y rehusaren la admisión a sus oficios y gremios de esta clase de gentes enmendadas, se les multará por la primera vez en 10 ducados por la segunda en 20 y por la tercera

en doble cantidad; y durando la repugnancia, se les privará de ejercer el mismo oficio por algún tiempo a arbitrio del juez y proporción de la resistencia.

7. Concedo el término de noventa días, contados desde la publicación de esta ley en cada cabeza de partido, para que todos los vagabundos de ésta y cualquiera clase que sean se retiren a los pueblos de los domicilios que eligieren excepto, por ahora, la Corte y Sitios Reales, y abandonando el traje, lengua y modales de los llamados gitanos, se apliquen a oficio, ejercicio u ocupación honesta, sin distinción de la labranza o artes.

8. A los notados anteriormente de este género de vida no ha de bastar emplearse solo en la ocupación de esquiladores, ni en el tráfico de mercados y ferias ni menos en la de posaderos y venteros en sitios despoblados; aunque dentro de los pueblos podrán ser mesoneros, y bastar este destino, siempre que no hubiese indicios fundados de ser delincuentes o receptadores de ellos.

9. Pasados los noventa días procederán las justicias contra los inobedientes en esta forma: a los que, habiendo dejado el traje, nombre, lengua o jeringonza unión y modales de gitanos, hubiesen además elegido y fijado domicilio, pero dentro de él no se hubiesen aplicado a oficio ni a otra ocupación, aunque no sea más que la de jornaleros o peones de obras, se les considerará como vagos y serán aprehendidos y destinados

como tales, según la ordenanza de éstos, sin distinción de los demás vasallos.

10. A los que en lo sucesivo cometieren algunos delitos, habiendo también dejado la lengua, traje y modales, elegido domicilio y aplicándose a oficio, se les perseguirá, procesará y castigará como a los demás reos de iguales crímenes, sin variedad alguna.

11. Pero a los que no hubieren dejado el traje, lengua o modales, y a los que, aparentando vestir y hablar como los demás vasallos, y aun elegir domicilio, continuaren saliendo a vagar por caminos y despoblados, aunque sea con el pretexto de pasar a mercados y ferias, se les perseguirá y prenderá por las justicias, formando proceso y lista de ellos con sus nombres y apellidos, edad señor y lugares donde dijeren haber nacido y residido.

16. Exceptúo de la pena a los niños y jóvenes de ambos sexos que no excedieren de dieciséis años.

17. Éstos, aun sean hijos de familia, serán apartados de la de sus padres que fueren vagos y sin oficio y se les destinará a aprender alguno o se les colocará en hospicios o casas de enseñanza.

20. Verificado el sello de los llamados gitanos que fueren inobedientes, se les notificará y apercibirá que, en caso de reincidencia, se les impondrá irremisiblemente la pena de muerte; y así se ejecutará solo con el reconocimiento del sello y la prueba de haber vuelto a su vida anterior.

Con este monarca se abre un capítulo de tolerancia con respecto a los gitanos; en 1765 primero se libera a los gitanos que quedan en los arsenales, y en 1772 se elabora un informe a favor de los gitanos, con las siguientes conclusiones

1. Los gitanos son ciudadanos españoles.

2. Debe dejarse de decir gitano ya que todos los ciudadanos son iguales.

3. Los niños deben ir a lo escuela a partir de los cuatro años.

4. Los gitanos son libres de fijar su residencia.

5. Los gitanos pueden emplearse o trabajar en cualquier actividad.

6. Los gitanos tienen derecho a asilo y atención a sus enfermos.

7. Los gremios que impidan lo entrada o se opongan a la residencia de los gitanos serán penalizados.

8. Se imponen penas o los que obstaculicen la integración de los gitanos.

Y se les exige una vez más que abandonen su forma de vestir.

No usen su lengua (el caló) en público.

9. y se asienten y abandonen la vida errante.

Siglo XIX

1788-1808 Carlos IV de Habsburgo. España

1808-1833 Fernando VII. España. Restringe la presencia de gitanos en las ferias de ganado.

1808-1813 José I. España

1833-1868 Isabel II. España

1837   María Cristina de Borbón. Mantiene las disposiciones anteriores.

1847   Isabel II obliga a los chalanes (tratantes) gitanos a llevar además de papeles personales, un documento con el número y características de sus animales así como un registro de todas las transacciones de animales que realicen.

1870-1873 Amadeo I. España

1875-1885 Alfonso XII. España

1878   Alfonso XII anula las disposiciones a todos los chalanes, fueran gitanos o no.

1886-1931 Alfonso XIII. España

1895-1898 Guerra Hispanocubana. Cientos de miles de soldados marchan a la isla de Cuba para combatir contra las fuerzas independentistas. Tras la guerra alrededor de 200.000 españoles se instalan allí.

1936   Guerra Civil española y éxodo de refugiados hacia América y la Unión Soviética.

Siglo XX

1975-2014. Juan Carlos I. España

Siglo XXI

1975-2014. Felipe VI de España. España